EL LIBRO DE LA
REVELACIÓN

EL LIBRO DE LA
REVELACIÓN

San Juan el Divino

Introducción de George Davidson

Grupo Editorial Tomo, S.A. de C.V.
Nicolás San Juan 1043,
03100, México, D.F.

1a. edición, noviembre 2013.

© *The Book of Revelation*
Copyright © 2011 Arcturus Publishing Limited
26/27 Bickels Yard, 151-153 Bermondsey Street,
London SE1 3HA

© 2013, Grupo Editorial Tomo, S.A. de C.V.
Nicolás San Juan 1043, Col. Del Valle
03100 México, D.F.
Tels. 5575-6615, 5575-8701 y 5575-0186
Fax. 5575-6695
www.grupotomo.com.mx
ISBN-13: 978-607-415-598-3
Miembro de la Cámara Nacional
de la Industria Editorial No 2961

Traducción: Graciela Frisbie
Diseño de portada: Karla Silva
Formación tipográfica: Armando Hernández.
Supervisor de producción: Leonardo Figueroa
Derechos reservados conforme a la ley.

Este libro se publicó conforme al contrato establecido entre
Arcturus Publishing Limited y *Grupo Editorial Tomo, S.A. de C.V.*

Impreso en México - *Printed in Mexico*

Contenido

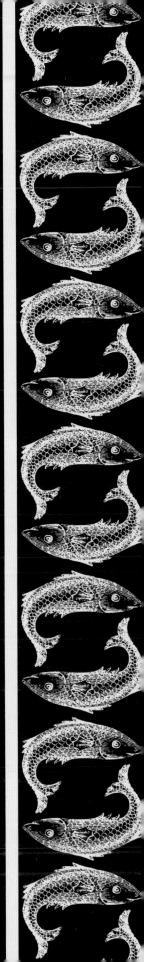

Introducción

El *Libro de la Revelación* es un libro fascinante de leer, e incluso es emocionante. ¿Cómo podría no serlo, pues describe la intervención final de Dios en el mundo? Pero debido a su rico uso de simbolismos, no es un libro que el lector moderno pueda entender con facilidad. Es el último libro de la Biblia e incluye una descripción del fin del mundo en que vivimos y también habla de un futuro mundo nuevo y mejor que vendrá, por lo tanto, representa un epílogo para todo lo que ha ocurrido desde la Creación y la Caída. Es la consumación de la historia bíblica desde el Génesis hasta las Epístolas. Y por supuesto, siendo un libro que se incluye en el Canon Bíblico, es Palabra de Dios para los cristianos, aunque es un libro que no se aceptó universalmente sino hasta finales del siglo V.

¿Pero quién escribió este libro, cuándo y dónde se escribió y cuál fue el propósito del escritor? ¿Es una profecía o una alegoría? ¿Debe tomarse como una descripción literal de lo que ocurrirá o sus imágenes deben interpretarse de otra manera? ¿Qué significan las bestias y los seres que son los personajes de este relato? A lo largo de los siglos, las respuestas a este tipo de preguntas han sido muchas y muy diversas, y se debe reconocer que tal vez en ocasiones han sido absurdas. Es triste que algunos maniáticos y fanáticos religiosos hayan hecho mal uso del *Libro de la Revelación* que contiene un mensaje importante para la Iglesia de la época en que se escribió y también para la Iglesia de nuestra época.

El título completo y tradicional de este libro es *La Revelación de San Juan el Divino*. (Aquí la palabra "divino" simplemente significa "teólogo".) Bueno, ¿quién era "Juan el Teólogo"? Desde un principio se creyó que el escritor era el Apóstol Juan, y que él era el autor de los cinco libros del Nuevo Testamento que llevan su nombre: el cuarto evangelio, tres cartas y la Revelación; y actualmente hay muchas personas que lo creen. No obstante, algunos eruditos no están de acuerdo con esta posición y han señalado que en primer lugar, el escritor de la Revelación no hace ninguna declaración afirmando haber sido un apóstol, y en segundo lugar, el lenguaje del *Libro de la Revelación* es muy diferente al que se usa en el cuarto evangelio y en las cartas. (La versión

en griego del *Libro de la Revelación* contiene graves errores gramaticales en algunos pasajes y muestra una fuerte influencia del hebreo, tal vez en forma deliberada.)

Además, algunos escritores de la iglesia primitiva hablan de dos personas con el nombre de Juan que vivían en Éfeso: "Juan el Apóstol" y "Juan el Anciano". En vista de que no existen pruebas al respecto, el asunto debe quedarse sin resolver por el momento.

Es más fácil determinar dónde se escribió este libro. Juan afirma (1:9) que está en la isla de Patmos, y al parecer no existen buenas razones para dudarlo. Patmos es una de las islas griegas conocidas como el Dodecaneso que se encuentran frente a la costa occidental de Turquía. Juan nos dice que estaba en la isla "por causa de la palabra de Dios y del testimonio que daba de Jesús" (1:9), es decir, para predicar el Evangelio, y se sabe que en ese entonces Patmos era un lugar donde eran exiliadas muchas personas que infringían las normas de las autoridades romanas.

En lo que concierne a la fecha en que se escribió, es probable que tomando en cuenta que el propósito de este libro era fortalecer a la Iglesia y animarla, debió escribirse en un periodo de persecuciones severas. Se presentan dos periodos como posibilidades: el reinado del Emperador Nerón (del año 54 al año 68) y el reinado del Emperador Domiciano (del año 81 al año 96). Varios historiadores de la Iglesia primitiva afirman que este libro data de un periodo posterior, y la mayoría de los eruditos modernos están de acuerdo. A menudo se ha sugerido una fecha cercana al año 95.

La Revelación comienza en (1:4), termina en (22:21) y usa la fraseología convencional que se ve en otras cartas del Nuevo Testamento. La carta de Juan, independientemente de su propósito y contenido, está dirigida a las siete iglesias de Asia; es decir, las iglesias de Éfeso, Esmirna, Pérgamo, Tiatira,

Sardis, Filadelfia y Laodicea. (Asia era el nombre de la provincia romana que abarcaba lo que ahora es el oeste de Turquía.) Sin embargo, tal vez no debamos interpretar en forma demasiado literal la mención de las personas a quienes va dirigida esta carta, pues para entonces ya había muchas iglesias en el Imperio romano, y siete era un número que en el simbolismo de la época significaba la totalidad; aunque la carta va dirigida a siete iglesias específicas, es un mensaje para toda la Iglesia.

El mensaje de Juan tiene dos secciones que son diferentes en su estilo y sustancia. La primera sección (los capítulos 2 y 3) contiene las siete cartas a las iglesias, en las que se les reprende por sus fracasos, se alaba a las que han conservado la fe, se les advierte que no deben permitir que se les lleve por el mal camino y en las que se fomenta la firmeza ante las adversidades. Aunque Juan es el que escribe las cartas, deja en claro que las palabras no son suyas sino que provienen de Jesús, que se le apareció a Juan en una visión.

Aunque en esas cartas hay referencias que los lectores modernos podrían no entender fácilmente (pero que sin duda eran totalmente comprensibles para la Iglesia de ese época), es fácil entender el mensaje general. Pero cuando llegamos a la sección más importante del libro, que abarca desde el capítulo 4 hasta el capítulo 22, encontramos una complejidad de visiones y símbolos, vemos bestias y terrores, y es difícil saber cómo interpretarlas, cómo penetrar el texto y cómo discernir el mensaje.

Para empezar a comprender esta sección del libro, primero tenemos que entender qué clase de libro tenemos en las manos, a qué género literario pertenece (ya que ciertamente es una obra literaria). Como ya hemos visto, a nivel superficial es una profecía (Juan lo deja en claro en 1:3), en la que Juan describe y da a conocer el mensaje que Jesús le dio para la Iglesia. (Debemos recordar que las profecías bíblicas no se relacionan de manera primordial con *predecir*, aunque los profetas a menudo mencionan sucesos futuros, sino con expresar y comunicar un mensaje de Dios.) Pero ante todo, la Revelación de San Juan es un *apocalipsis*.

La literatura apocalíptica era muy conocida en los círculos judíos y cristianos en la época en que Juan escribió. La Revelación sólo es una de las docenas de apocalipsis que se escribieron entre el año 200 a.C. y el año 200 d.C. Aunque los apocalipsis, como muchas de las obras proféticas, hablan del juicio y la salvación en el futuro, se escribieron para animar a los fieles en tiempos de opresión y persecución, y para fortalecer su esperanza en que Dios no sólo actúa *en* la historia (por ejemplo a través de la venida de Jesús y la Crucifixión) sino que actuará cuando venga, rodeado de poder, al *final* del periodo actual de la historia, para acabar con el mal de

una vez por todas e iniciar una era de rectitud y beatitud.

Una característica específica de la literatura apocalíptica es su copioso uso de visiones y sueños, de símbolos crípticos y alusiones. Y el *Libro de la Revelación* no es una excepción. Eso desafortunadamente ha hecho de ella una mina de textos que pueden usarse a beneficio de personas que tienen intereses particulares. (Aunque la Revelación puede leerse como una obra literaria, nunca debe estudiarse sin un comentario bíblico confiable.) En esta breve introducción no es posible explicar el significado de todas las imágenes que presenta Juan, pero las siguientes destacan por su importancia:

- Como hemos señalado, el número 7 significa plenitud. Las siete iglesias simbolizan a toda la Iglesia: el hecho de romper siete sellos (capítulos del 5 al 8), el sonar de las siete trompetas (capítulos del 8 al 11) y el vaciar los siete cálices de las plagas (capítulos 15 y 16) representan el hecho de que el plan y el juicio de Dios se han completado.

- El 12 también es un número que simboliza plenitud y perfección. 12 000 de cada una de las doce tribus de Israel llevan el sello de Dios (7:4-8, ese mismo número representa al cuerpo de los verdaderos cristianos en 14:1), la Nueva Jerusalén tiene doce cimientos y doce puertas, y sus muros tienen 12 000 estadios de largo y 144 (12 x 12) codos de altura.

- En el Capítulo 13 se describen dos bestias; es probable que la segunda sea el sacerdocio del culto del emperador. Una "bestia del mar" es una imagen que se usa con frecuencia para representar a un imperio del mundo.

- 666, el "número de la bestia" (13:18) probablemente se refiere al Emperador Nerón. Asigna valores numéricos a las letras hebreas que equivalen a la versión griega del nombre "Caesar Nero", y añade el total. En esa época había una creencia generalizada de que Nerón, el perseguidor de la Iglesia, resucitaría de entre los muertos: una figura adecuada del Anticristo.

- La mujer vestida de escarlata y púrpura, Babilonia, (17:4-5; 18) es Roma.

- Los cuatro jinetes, que representan la conquista, la guerra, el hambre y la muerte, pueden tomarse como símbolos de las consecuencias de los pecados humanos. También podrían ser una referencia implícita a Mateo 24:6-7.

- Las langostas con rostro humano y pelo largo (capítulo 9) probablemente son las hordas de bárbaros en las fronteras del Imperio romano.

- Armagedón, la escena de la batalla final entre las fuerzas del bien y las fuerzas del mal, se basa en un lugar real, Har Megiddo, la "Colina de Megido", al noroeste de Israel, un lugar donde se libraron varias batallas importantes en la historia antigua.

Un esquema de la estructura de los capítulos del 4 al 22 podría ser útil para el lector:

- Capítulos 4 y 5: Visiones de Dios y del Cordero.

- Capítulos 6 a 8: Se abren los siete sellos, y en el capítulo 7 se describe otra visión.

- Capítulos 8 al 11: Se tocan las siete trompetas, y en los capítulos 10 y 11 se describen otras visiones.

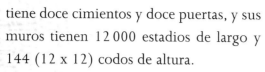

- Capítulos del 12 al 15: Se vierten los siete cálices.

- Capítulos del 17 al 22: La caída de Babilonia, la destrucción de Satán y sus fuerzas, la nueva Jerusalén.

El texto en español que se usa en este libro está tomado de la Biblia traducida de la Vulgata Latina por Félix Torres Amat. Esta Biblia fue publicada en 1825 y es una de las primeras versiones completas en castellano publicada bajo la autorización de los jerarcas de la Iglesia católica. Desde luego esta versión como todas las primeras siguiendo la línea de las Biblias católicas fueron traducidas basándose en la Vulgata Latina.

La Vulgata es una traducción de la Biblia hebrea y griega al latín, realizada a finales del siglo IV (en el 382 d.C.) por Jerónimo de Estridón. Fue encargada por el papa Dámaso I dos años antes de su muerte. La versión toma su nombre de la frase *vulgata editio* (edición para el pueblo) y se escribió en un latín corriente en contraposición con cl latín clásico de Cicerón, que Jerónimo de Estridón dominaba. El objetivo de la Vulgata era ser más fácil de entender y más exacta que sus predecesoras.

George Davidson

CAPÍTULO 1

1 Revelación de Jesucristo, la cual como hombre ha recibido de Dios su Padre para descubrir a sus siervos cosas que deben suceder presto; y la ha manifestado a su Iglesia por medio de su ángel enviado a Juan, siervo suyo,

2 el cual ha dado testimonio de ser palabra de Dios, y testificación de Jesucristo, todo cuanto ha visto.

3 Bienaventurado el que lee con respeto, y escucha con docilidad las palabras de esta profecía, y observa las cosas escritas en ella, pues el tiempo de cumplirse está cerca.

4 Juan a las siete iglesias del Asia Menor. Gracia y paz a vosotros, de parte de aquél que es, y que era, y que ha de venir; y de parte de los siete espíritus que asisten ante su trono;

5 y de parte de Jesucristo, el cual es testigo fiel, primogénito o el primero que resucitó de entre los muertos, y soberano de los reyes de la tierra; el cual nos amó y nos lavó de nuestros pecados con su sangre.

6 Nos ha hecho reyes y sacerdotes de Dios Padre suyo; al mismo la gloria y el imperio por los siglos de los siglos: Amén.

7 Mirad cómo viene sentado sobre las nubes del cielo, y han de verle todos los ojos, y los mismos verdugos que le traspasaron o clavaron en la cruz. Y todos los pueblos de la tierra se herirán los pechos al verle. Sí por cierto. Así será.

8 Yo soy el Alfa y la Omega, el principio y el fin de todas las cosas, dice el Señor Dios, que es, y que era, y que ha de venir, el Todopoderoso.

9 Yo Juan vuestro hermano, y compañero en la tribulación, y en el reino de los cielos, y en la tolerancia por Cristo Jesús estaba en la isla llamada Patmos, por causa de la palabra de Dios, y del testimonio que daba de Jesús.

10 Un día de domingo fui arrebatado en espíritu, y oí detrás de mí una gran voz como de trompeta,

11 que decía: Lo que ves, escríbelo en un libro y remítelo a las siete iglesias de Asia, a saber, a Éfeso y a Esmirna, y a Pérgamo y a Tiatira, y a Sardis y a Filadelfia, y a Laodicea.

12 Entonces me volví para reconocer la voz que hablaba conmigo. Y vuelto, vi siete candeleros de oro.

13 Y en medio de los siete candeleros de oro vi a uno parecido al Hijo del hombre o a Jesucristo, vestido de ropa talar, ceñido a los pechos con una faja de oro.

14 Su cabeza, y sus cabellos eran blancos como la lana más blanca, y como la nieve; sus ojos parecían llamas de fuego.

15 Sus pies semejantes a bronce fino, cuando está fundido en horno ardiente, y su voz como el ruido de muchas aguas.

16 Y tenía en su mano derecha siete estrellas, y de su boca salía una espada de dos filos, y su rostro era resplandeciente como el sol de mediodía.

17 Y así que le vi, caí a sus pies como muerto. Mas él puso su diestra sobre mí, diciendo: No temas; yo soy el primero y el último, o principio y fin de todo.

18 Y estoy vivo, aunque fui muerto; y ahora he aquí que vivo por los siglos de los siglos, y tengo las llaves o soy dueño de la muerte y del infierno.

19 Escribe pues las cosas que has visto, tanto las que son, como las que han de suceder después de éstas.

20 En cuanto al misterio de las siete estrellas, que viste en mi mano derecha, y los siete candeleros de oro: las siete estrellas, son los siete ángeles de las siete Iglesias; y los siete candeleros, son las siete iglesias.

CAPÍTULO 2

1   Escribe al ángel de la Iglesia de Efeso. Esto dice el que tiene las siete estrellas en su mano derecha, el que anda en medio de los siete candeleros de oro:

2   Conozco tus obras, y tus trabajos, y tu paciencia, y que no puedes sufrir a los malos; y que has examinado a los que dicen ser apóstoles, y no lo son, y los has hallado mentirosos;

3 y que tienes paciencia, y has padecido por mi nombre, y no desmayaste.

4 Pero contra ti tengo, que has perdido el fervor de tu primera caridad.

5 Por tanto acuérdate del estado de donde has decaído; y arrepiéntete, y vuelve a la práctica de las primeras obras, porque si no, voy a ti y removeré tu candelero de su sitio, si no hicieres penitencia.

6 Pero tienes esto de bueno, que aborreces las acciones de los nicolaítas, que yo también aborrezco.

7 Quien tiene oído, escuche lo que el espíritu dice a las iglesias: Al que venciere, yo le daré de comer del árbol de la vida, que está en medio del paraíso de mi Dios.

8 Escribe también al ángel de la Iglesia de Esmirna: Esto dice aquél que es el primero y el último; que fue muerto, y está vivo:

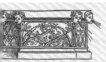

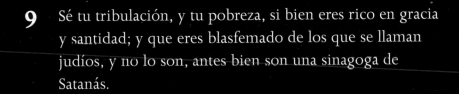

9 Sé tu tribulación, y tu pobreza, si bien eres rico en gracia y santidad; y que eres blasfemado de los que se llaman judíos, y no lo son, antes bien son una sinagoga de Satanás.

10 No temas nada de lo que has de padecer. Mira que el diablo ha de meter a algunos de vosotros en la cárcel, para que sean tentados en la fe; y sean atribulados por diez días. Sé fiel hasta la muerte, y te daré la corona de la vida eterna.

11 Quien tiene oído, oiga lo que dice el Espíritu a las Iglesias: El que venciere, no será dañado por la muerte segunda.

12 Asimismo, al ángel de la Iglesia de Pérgamo escríbele: Esto dice el que tiene en su boca la espada afilada de dos cortes:

13 Bien sé que habitas en un lugar donde Satanás tiene su asiento; y mantienes no obstante mi nombre, y no has negado mi fe. Aun en aquellos días en que Antipas, testigo mío fiel, fue martirizado entre vosotros, donde Satanás mora.

14 Sin embargo algo tengo contra ti; y es que tienes ahí secuaces de la doctrina de Balaam, el cual enseñaba al rey Balac a poner escándalo o tropiezo a los hijos de Israel, para que cayesen en pecado comiendo, y cometiendo la fornicación.

15 Pues así tienes tú también a los que siguen la doctrina de los nicolaítas.

16 Por lo mismo arrepiéntete; cuando no, vendré a ti presto, y yo pelearé contra ellos con la espada de mi boca.

17 El que tiene oído, escuche lo que dice el Espíritu a las iglesias: Al que venciere, le daré yo de comer un maná recóndito, y le daré una piedrecita blanca; y en la piedrecita esculpido un nombre nuevo, que nadie lo sabe, sino aquel que lo recibe.

18 Y al ángel de la Iglesia de Tiatira escríbele: Esto dice el Hijo de Dios, que tiene los ojos como llamas de fuego, y los pies semejantes al bronce fino.

19 Conozco tus obras, y tu fe, y tu caridad, y tus servicios, y paciencia, y que tus obras o virtudes últimas son muy superiores a las primeras.

20 Pero tengo contra ti alguna cosa, y es que permites a cierta mujer Jezabel, que se dice profetisa, el enseñar y seducir a mis siervos, para que caigan en fornicación, y coman de las cosas sacrificadas a los ídolos.

21 Y le he dado tiempo para hacer penitencia; y no quiere arrepentirse de su torpeza.

22 Yo la voy a reducir a una cama; y los que adulteran con ella, se verán en grandísima aflicción, si no hicieren penitencia de sus perversas obras.

23 Y a sus hijos y secuaces entregaré a la muerte, con lo cual sabrán todas las iglesias, que yo soy escudriñador de interiores y corazones; y a cada uno de vosotros le daré su merecido.

24 Entre tanto os digo a vosotros y a los demás que habitan en Tiatira: A cuantos no siguen esta doctrina, y no han conocido las honduras de Satanás o las profundidades, como ellos la llaman, yo no echaré sobre vosotros otra carga.

25 Pero guardad bien aquello que tenéis recibido de Dios, hasta que yo venga a pediros cuenta.

26 Y al que hubiere vencido y observado hasta el fin mis obras o mandamientos, yo le daré autoridad sobre las naciones.

27 Y ha de regirlas con vara de hierro, y serán desmenuzadas como vaso de alfarero.

28 Conforme al poder que yo tengo recibido de mi Padre, le daré también el lucero de la mañana.

29 Quien tiene oído, escuche lo que el Espíritu dice a las iglesias.

CAPÍTULO 3

1   Al ángel de la Iglesia de Sardis escríbele también. Esto
     dice el que tiene a su mandar los siete espíritus de Dios y
     las siete estrellas: Yo conozco tus obras, y que tienes
     nombre de viviente y estás muerto.

2   Despierta pues, sé vigilante, y consolida lo restante de tu
     grey, que está por morir. Porque yo no hallo tus obras
     cabales en presencia de mi Dios.

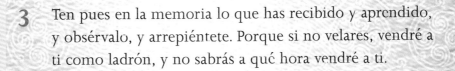

3 Ten pues en la memoria lo que has recibido y aprendido, y obsérvalo, y arrepiéntete. Porque si no velares, vendré a ti como ladrón, y no sabrás a qué hora vendré a ti.

4 Con todo tienes en Sardis unos pocos sujetos, que no han ensuciado sus vestiduras: y andarán conmigo en el cielo vestidos de blanco, porque lo merecen.

5 El que venciere, será igualmente vestido de ropas blancas, y no borraré su nombre del libro de la vida, antes bien le celebraré delante de mi Padre y delante de sus ángeles.

6 Quien tiene oídos, escuche lo que dice el Espíritu a las iglesias.

7 Escribe asimismo al ángel de la Iglesia de Filadelfia. Esto dice el Santo y el Veraz, el que tiene la llave del nuevo reino de David; el que abre y ninguno cierra: cierra y ninguno abre.

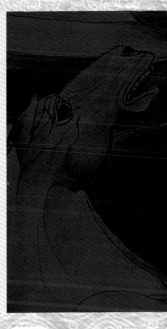

8 Yo conozco tus obras. He aquí que puse delante de tus ojos abierta una puerta, que nadie podrá cerrar; porque aunque tú tienes poca fuerza o virtud, con lodo has guardado mi palabra o mis mandamientos, y no negaste mi nombre.

9 Yo voy a traer de la sinagoga de Satanás a los que dicen ser judíos, y no lo son, como quiera yo les haré que vengan, y se postren a tus pies, y entenderán con eso que yo te amo.

10 Ya que has guardado la doctrina de mi paciencia, yo también te libraré del tiempo de tentación, que ha de sobrevenir a todo el universo para prueba de los moradores de la tierra.

11 Mira que vengo luego; mantén lo que tienes de bueno en tu alma, no sea que otro se lleve tu corona.

12 Al que venciere, yo le haré una columna en el templo de mi Dios, de donde no saldrá jamás fuera, y escribiré sobre él el nombre de mi Dios, y el nombre de la ciudad de mi Dios, la nueva Jerusalén, que desciende del cielo y viene o trae su origen de mi Dios, y el nombre mío nuevo.

13 Quien tiene oído, escuche lo que dice el Espíritu a las iglesias.

14 En fin al ángel de la Iglesia de Laodicea escribirás. Esto dice la misma Verdad, el testigo fiel y verdadero, el principio o causa de las criaturas de Dios.

15 Conozco bien tus obras, que ni eres frío, ni caliente: ¡ojalá fueras frío, o caliente!

16 Mas por cuanto eres tibio, y no frío, ni caliente, estoy para vomitarte de mi boca.

17 Porque estás diciendo: yo soy rico y hacendado, y de nada tengo falta; y no conoces que eres un desdichado y miserable, y pobre, y ciego, y desnudo.

18 Te aconsejo que compres de mí el oro afinado en el fuego, con que te hagas rico, y te vistas de ropas blancas, y no se descubra la vergüenza de tu desnudez, y unge tus ojos con colirio para que veas.

19 Yo a los que amo, los reprendo y castigo. Arde pues en celo de la gloria de Dios, y haz penitencia.

20 He aquí que estoy a la puerta de tu corazón, y llamo; si alguno escuchare mi voz y me abriere la puerta, entraré a él, y con él cenaré, y él conmigo.

21 Al que venciere, le haré sentar conmigo en mi trono: así como yo fui vencedor, y me senté con mi Padre en su trono.

22 El que tiene oído, escuche lo que el Espíritu dice a las iglesias.

CAPÍTULO 4

1   Después de esto miré; y he aquí que en un éxtasis vi una
    puerta abierta en el cielo, y la primera voz que oí, como
    de trompeta que hablaba conmigo, me dijo: Sube acá y te
    mostraré las cosas que han de suceder en adelante.

2 Al punto fui elevado o arrebatado en espíritu; y vi un solio colocado en el cielo, y un personaje sentado en él.

3 Y el que estaba sentado era parecido a una piedra de jaspe, y de sardio o granate; y en torno del solio un arcoíris, de color de esmeralda.

4 Y alrededor del solio veinticuatro sillas; y veinticuatro ancianos sentados, revestidos de ropas blancas, con coronas de oro en sus cabezas.

5 Y del solio salían relámpagos, y voces y truenos; y siete lámparas estaban ardiendo delante del solio, que son los siete espíritus de Dios.

6 Y en frente del solio había como un mar trasparente de vidrio semejante al cristal, y en medio del espacio en que estaba el trono, y alrededor de él, cuatro animales llenos de ojos delante y detrás.

7 Era el primer animal parecido al león, y el segundo a un becerro, y el tercer animal tenía cara como de hombre, y el cuarto animal semejante a un águila volando.

CERUBIN   TRONUM   SERAFIN

ANGELI ABONUA TENENTES

8 Cada uno de los cuatro animales tenía seis alas, y por afuera de las alas, y por adentro estaban llenos de ojos; y no reposaban de día ni de noche, diciendo: santo, santo, santo es el Señor Dios todopoderoso, el cual era, el cual es, y el cual ha de venir.

9 Y mientras, aquellos animales tributaban gloria y honor, y bendición o acción de gracias al que estaba sentado en el trono, que vive por los siglos de los siglos.

10 Los veinticuatro ancianos se postraban delante del que estaba sentado en el trono, y adoraban al que vive por los siglos de los siglos, y ponían sus coronas ante el trono, diciendo:

11 Digno eres ¡oh Señor Dios nuestro! de recibir la gloria, y el honor, y el poderío; porque tú creaste todas las cosas, y por tu querer subsisten y fueron creadas.

CAPÍTULO 5

Mientras que San Juan lloraba de ver que nadie podía abrir el libro cerrado con siete sellos, lo abrió el Cordero de Dios que poco antes había sido muerto. Por lo que todas las criaturas le tributaron cánticos de alabanza.

1   Después vi en la mano derecha del que estaba sentado en el solio, un libro escrito por dentro y por fuera, sellado con siete sellos.

2   Al mismo tiempo vi a un ángel fuerte y poderoso, pregonar a grandes voces: ¿Quién es el digno de abrir el libro, y de levantar sus sellos?

3 Y ninguno podía, ni en el cielo, ni en la tierra, ni debajo de la tierra, abrir el libro, ni aun mirarle.

4 Y yo me deshacía en lágrimas, porque nadie se halló que fuese digno de abrir el libro, ni registrarle.

5 Entonces uno de los ancianos me dijo: No llores; mira cómo ya el león de la tribu de Judá, la estirpe de David, ha ganado la victoria para abrir el libro, y levantar sus siete sellos.

6 Y miré, y vi que en medio del solio y de los cuatro animales, y en medio de los ancianos, estaba un cordero como inmolado, el cual tenía siete cuernos, esto es, un poder inmenso, y siete ojos, que son o significan los siete espíritus de Dios despachados a toda la tierra.

7 El cual vino, y recibió el libro de la mano derecha de aquél que estaba sentado en el solio.

8 Y cuando hubo abierto el libro, los cuatro animales, y los veinticuatro ancianos se postraron ante el Cordero,

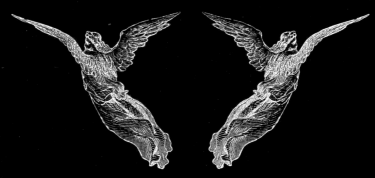

9 y cantaban un cántico nuevo, diciendo: Digno eres, Señor, de recibir el libro, y de abrir sus sellos, porque tú has sido entregado a la muerte, y con tu sangre nos has rescatado para Dios, de todas las tribus, y lenguas, y pueblos, y naciones,

10 Y nos hiciste para nuestro Dios reyes, y sacerdotes; y reinaremos sobre la tierra hasta que después reinemos contigo en el cielo.

11 Vi también, y oí la voz de muchos ángeles alrededor del solio, y de los animales, y de los ancianos; y su número era millares de millares.

12 los cuales decían en alta voz: Digno es el Cordero que ha sido sacrificado, de recibir el poder, y la divinidad, y la sabiduría, y la fortaleza, y el honor, y la bendición.

13 Y a todas las criaturas que hay en el cielo, y sobre la tierra, y debajo de la tierra, y las que hay en el mar; a cuantas hay en todos estos lugares, a todas las oí decir: Al que está sentado en el trono, y al Cordero, bendición, y honra, y gloria, y potestad por los siglos de los siglos.

14 A lo que los cuatro animales respondían: Amén. Y los veinticuatro ancianos se postraron sobre sus rostros, y adoraron a aquel que vive por los siglos de los siglos.

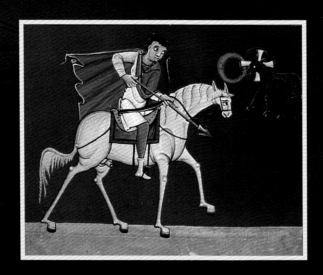

CAPÍTULO 6

1   Vi pues cómo el Cordero abrió el primero de los siete sellos, y oí al primero de los cuatro animales que decía, con voz como de trueno: ven, y verás.

2   Yo miré; y he ahí un caballo blanco, y el que le montaba tenía un arco, y se le dio una corona, y salió victorioso para continuar las victorias.

3   Y como hubiese abierto el segundo sello, oí al segundo animal que decía: ven, y verás.

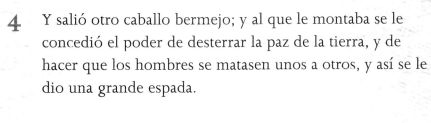

4 Y salió otro caballo bermejo; y al que le montaba se le concedió el poder de desterrar la paz de la tierra, y de hacer que los hombres se matasen unos a otros, y así se le dio una grande espada.

5 Abierto que hubo el sello tercero, oí al tercer animal que decía: ven, y verás. Y vi un caballo negro, y el que le montaba tenía una balanza en su mano…

6 Y oí cierta voz en medio de los cuatro animales que decía: dos libras de trigo valdrán un denario, seis libras de cebada a denario también; mas al vino y al aceite no hagas daño.

7 Después que abrió el sello cuarto, oí una voz del cuarto animal que decía: ven, y verás.

8 Y he ahí un caballo pálido y macilento, cuyo jinete tenía por nombre Muerte, y el infierno le iba siguiendo, y se le

dio poder sobre las cuatro partes de la tierra, para matar a los hombres a cuchillo, con hambre, con mortandad, y por medio de las fieras de la tierra.

9 Y cuando hubo abierto el quinto sello, vi debajo o al pie del altar las almas de los que fueron muertos por la Palabra de Dios, y por ratificar su testimonio.

10 Y clamaban a grandes voces, diciendo: ¿Hasta cuándo, Señor, (tú que eres santo y veraz) difieres hacer justicia, y vengar nuestra sangre contra los que habitan en la tierra?

11 Se le dio luego a cada uno de ellos un ropaje o vestido blanco; y se les dijo que descansaran o aguardaran en paz un poco de tiempo, en tanto que se cumplía el número de sus consiervos, y hermanos que habían de ser martirizados también como ellos.

12 Vi asimismo cómo abrió el sexto sello, y al punto se sintió un gran terremoto, y el sol se puso negro como un saco de cilicio o de cerda; y la luna se volvió toda bermeja como sangre.

13 Y las estrellas cayeron del cielo sobre la tierra, a la manera que una higuera, sacudida de un recio viento, deja caer sus brevas.

14 Y el cielo desapareció como un libro que es arrollado; y todos los montes y las islas fueron movidos de sus lugares.

15 Y los reyes de la tierra, y los príncipes, y los tribunos, y los ricos, y los poderosos, y todos los hombres, así esclavos como libres, se escondieron en las grutas y entre las peñas de los montes.

16 Y decían a los montes y peñascos: caed sobre nosotros, y escondednos de la cara de aquel Señor que está sentado sobre el trono, y de la ira del Cordero.

17 Porque llegado es el día grande de la cólera de ambos; ¿y quién podrá soportarla?

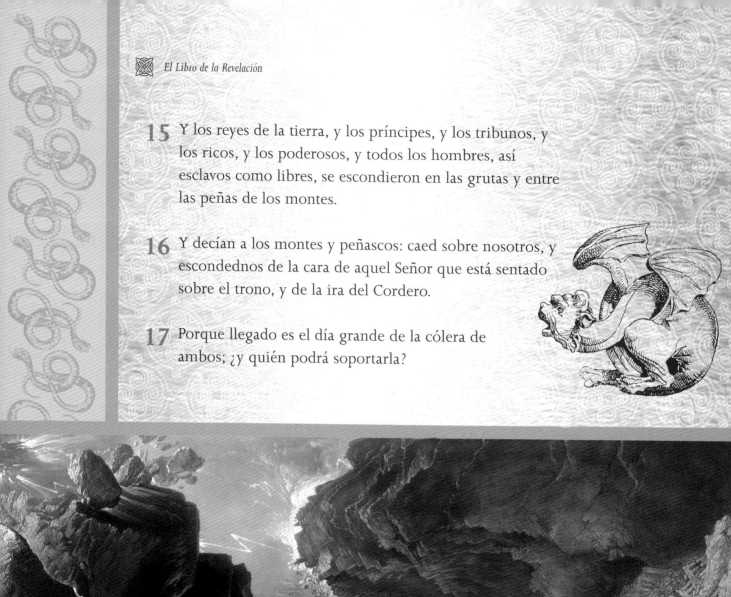

CAPÍTULO 7

1   Después de esto vi cuatro ángeles que estaban sobre los cuatro ángulos o puntos de la tierra, deteniendo los cuatro vientos de la tierra, para que no soplasen sobre la tierra, ni sobre la mar, ni sobre árbol alguno.

2   Luego vi subir del oriente a otro ángel, que tenía la marca o sello de Dios vivo; el cual gritó con voz sonora a los cuatro ángeles, encargados de hacer daño a la tierra y al mar.

3   Diciendo: no hagas mal a la tierra, ni al mar, ni a los árboles hasta tanto que pongamos la señal en la frente a los siervos de nuestro Dios.

4   Oí también el número de los señalados, que eran ciento cuarenta y cuatro mil, de las tribus de los hijos de Israel.

5   De la tribu de Judá había doce mil señalados; de la tribu de Rubén doce mil señalados; de la tribu de Gad otros doce mil.

6   De la tribu de Aser doce mil señalados; de la tribu de Neftalí doce mil señalados; de la tribu de Manasés otros doce mil.

7   De la tribu de Simeón doce mil señalados; de la tribu de Leví doce mil señalados; de la tribu de Isacar otros doce mil.

8 De la tribu de Zabulón doce mil señalados; de la tribu de José o Efraín doce mil señalados; de la tribu de Benjamín otros doce mil.

9 Después de esto vi una grande muchedumbre que nadie podía contar, de todas las naciones, y tribus, y pueblos, y lenguas; que estaban ante el trono y delante del Cordero, revestidos de un ropaje blanco, con palmas en sus manos;

10 y exclamaban a grandes voces, diciendo: la salvación se debe a nuestro Dios, que está sentado en el solio, y al Cordero.

11 Y todos los ángeles estaban en torno del solio, y de los ancianos, y de los cuatro animales; y se postraron delante del solio sobre sus rostros, y adoraron a Dios,

12 diciendo: Amén. Bendición y gloria, y sabiduría, y acción de gracias, honra, y poder, y fortaleza a nuestro Dios por los siglos de los siglos, Amén.

13 En esto, hablándome uno de los ancianos, me preguntó: Ésos, que están cubiertos de blancas vestiduras, ¿quiénes son? y ¿de dónde han venido?

14 Yo le dije: Mi señor, tú lo sabes. Entonces me dijo: Son los que han venido de una tribulación grande, y lavaron sus vestiduras, y las blanquearon o purificaron en la sangre del Cordero:

15 por esto están ante el solio de Dios, y le sirven alabándole día y noche en su templo; y aquél que está sentado en el solio, habitará en medio de ellos.

16 Ya no tendrán hambre, ni sed, ni descargará sobre ellos el sol, ni el bochorno:

17 porque el Cordero que está en medio del solio, será su pastor, y los llevará a fuentes de aguas vivas, y Dios enjugará todas las lágrimas de sus ojos.

CAPÍTULO 8

1 Y cuando el Cordero hubo abierto el séptimo sello, siguió un gran silencio en el cielo, cosa de media hora.

2 Y vi luego a siete ángeles que estaban en pie delante de Dios, y les dieron siete trompetas.

3 Vino entonces otro ángel, y se puso ante el altar con un incensario de oro; y le dieron muchos perfumes, compuestos de las oraciones de todos los santos para que los ofreciera sobre el altar de oro, colocado ante el trono de Dios.

4 Y el humo de los perfumes o aromas encendidos de las oraciones de los santos subió por la mano del ángel al acatamiento de Dios.

5 Tomó luego el ángel el incensario, lo llenó del fuego del altar, y arrojando este fuego a la tierra se sintieron truenos, y voces, y relámpagos, y un gran terremoto.

6 Entre tanto los siete ángeles, que tenían las siete trompetas, se dispusieron para tocarlas.

7 Tocó pues el primer ángel la trompeta, y se formó una tempestad de granizo y fuego, mezclados con sangre, y descargó sobre la tierra, con lo que la tercera parte de la tierra se abrasó, y con ella se quemó la tercera parte de los árboles, y toda la yerba verde.

8 El segundo ángel tocó también la trompeta, y al momento se vio caer en el mar como un gran monte todo de fuego, y la tercera parte del mar se convirtió en sangre.

9 Y murió la tercera parte de las criaturas que vivían en el mar, y fue destruida la tercera parte de las naves.

10 Y el tercer ángel tocó la trompeta, y cayó del cielo una gran estrella o cometa, ardiendo como una tea, y vino a caer en la tercera parte de los ríos, y en los manantiales de las aguas.

11 Y el nombre de la estrella es Ajenjo; y así la tercera parte de las aguas se convirtió en ajenjo o tomó su mal gusto, con lo que muchos hombres murieron a causa de las aguas, porque se hicieron amargas.

12 Después tocó la trompeta el cuarto ángel, y quedó herida de tinieblas la tercera parte del sol, y la tercera parte de la luna, y la tercera parte de las estrellas, de tal manera que se oscurecieron en su tercera parte, y así quedó privado el día de la tercera parte de su luz, y lo mismo la noche.

13 Entonces miré y oí la voz de un águila que iba volando en medio del cielo, y diciendo a grandes gritos: ¡Ay, ay, ay de los moradores de la tierra, por causa del sonido de las trompetas que los otros tres ángeles han de tocar!

CAPÍTULO 9

1 El quinto ángel tocó la trompeta; y vi una estrella del
   cielo caída en la tierra, y se le dio la llave del pozo
   del abismo.

2 Y abrió el pozo del abismo, y subió del pozo un humo
   semejante al de un gran horno; y con el humo de este
   pozo quedaron oscurecidos el sol y el aire.

3 Y del humo del pozo salieron langostas sobre la tierra, y se les dio poder, semejante al que tienen los escorpiones de la tierra.

4 Y se les mandó que no hicieran daño a la yerba de la tierra, ni a cosa verde alguna, ni a ningún árbol, sino solamente a los hombres que no tienen la señal de Dios en sus frentes.

5 Y se les encargó que no les mataran; sino que los atormentaran por cinco meses; y el tormento que causan es como el que causa el escorpión, cuando hiere o ha herido a un hombre.

6 Durante aquel tiempo los hombres buscarán la muerte y no la hallarán; y desearán morir, y la muerte irá huyendo de ellos.

7 Y las figuras de las langostas se parecían a caballos aparejados para la batalla; y sobre sus cabezas tenían como coronas al parecer de oro; y sus caras así como caras de hombres.

8 Y tenían cabellos como cabellos de mujeres; y sus dientes eran como dientes de leones.

9 Vestían también lorigas o corazas como lorigas de hierro; y el ruido de sus alas como el estruendo de los carros tirados de muchos caballos que van corriendo al combate.

10 Tenían asimismo colas parecidas a las de los escorpiones, y en las colas aguijones; con potestad de hacer daño a los hombres por cinco meses

11 Por rey al ángel del abismo, cuyo nombre en hebreo es Abaddón, en griego Apollyon, que quiere decir en latín Exterminans, esto es, el Exterminador.

12 El primer infortunio pasó ya, mas luego después van a venir dos infortunios todavía.

13 Tocó pues el sexto ángel la trompeta; y oí una voz que salía de los cuatro ángulos del altar de oro, que está colocado ante los ojos del Señor,

14 la cual decía al sexto ángel, que tenía la trompeta: Desata a los cuatro ángeles del abismo, que están ligados en el gran río Éufrates.

15 Fueron pues desatados los cuatro ángeles, los cuales estaban prontos para la hora, y el día, y el mes, y el año, en que debían matar a la tercera parte de los hombres.

16 Y el número de las tropas de a caballo era de doscientos millones. Porque yo oí el número de ellas.

17 Así como vi también en la visión los caballos; y los jinetes, vestían corazas como de fuego, y de color de jacinto o cárdenas, y de azufre, y las cabezas de los caballos eran como cabezas de leones y de su boca salía fuego, humo y azufre.

18 Y de estas tres plagas fue muerta la tercera parte de los hombres, es a saber, con el fuego y con el humo, y con el azufre, que salían de sus bocas.

19 Porque la fuerza de los caballos está en su boca, y en sus colas, pues sus colas son semejantes a serpientes, y tienen cabezas; y con éstas hieren.

20 Entre tanto los demás hombres, que no perecieron con estas plagas, no por eso hicieron penitencia de las obras de sus manos, con dejar de adorar a los demonios, y a los simulacros de oro, y de plata, y de bronce, y de piedra, y de madera, que ni pueden ver, ni oír, ni andar;

21 ni tampoco se arrepintieron de sus homicidios, ni de sus hechicerías, ni de su fornicación o deshonestidad, ni de sus robos.

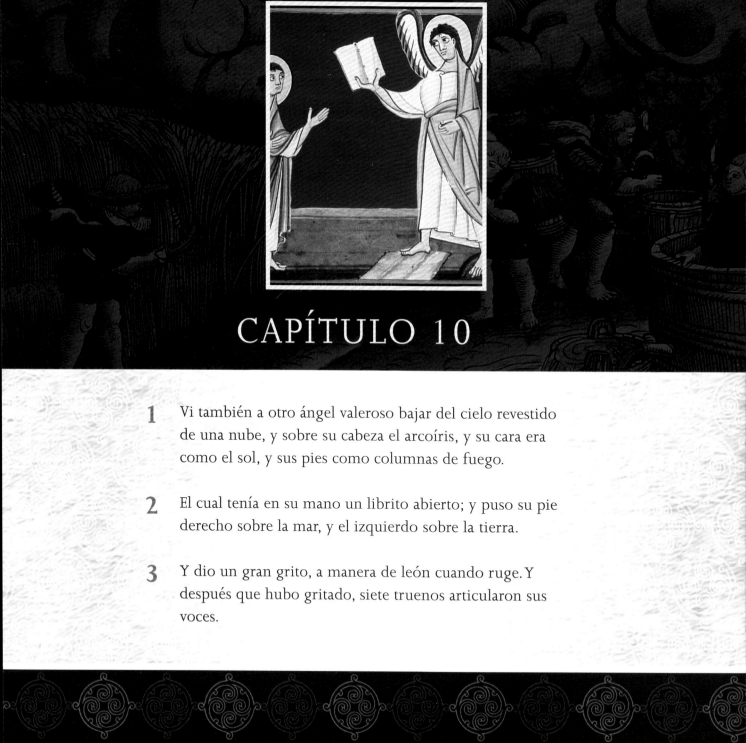

CAPÍTULO 10

1   Vi también a otro ángel valeroso bajar del cielo revestido de una nube, y sobre su cabeza el arcoíris, y su cara era como el sol, y sus pies como columnas de fuego.

2   El cual tenía en su mano un librito abierto; y puso su pie derecho sobre la mar, y el izquierdo sobre la tierra.

3   Y dio un gran grito, a manera de león cuando ruge. Y después que hubo gritado, siete truenos articularon sus voces.

4 Y articulado que hubieron los siete truenos sus voces, iba yo a escribirlas, cuando oí una voz del cielo que me decía: sella o reserva en tu mente las cosas que hablaron los siete truenos, y no las escribas.

5 Y el ángel que vi estar sobre la mar y sobre la tierra, levantó al cielo su mano.

6 Y juró por el que vive en los siglos de los siglos, el cual creó el cielo, y las cosas que hay en él; y la tierra, con las cosas que hay en ella; y el mar, y cuanto en él se contiene, que ya no habrá más tiempo.

7 Sino que cuando se escuche la voz del séptimo ángel, comenzando a sonar la trompeta, será consumado el misterio de Dios, según lo tiene anunciado por sus siervos los profetas.

8 Y oí la voz del cielo que hablaba otra vez conmigo, y decía: anda, y toma el libro abierto de la mano del ángel que está sobre la mar y sobre la tierra.

9 Fui pues al ángel, pidiéndole que me diera el libro. Y me dijo: Tómalo, y devóralo, que llenará de amargura tu vientre, aunque en tu boca será dulce como la miel.

10 Entonces recibí el libro de la mano del ángel, y lo devoré; y era en mi boca dulce como la miel; pero habiéndole devorado, quedó mi vientre o interior lleno de amargura.

11 Me dijo más: Es necesario que de nuevo profetices a las naciones, y pueblos, y lenguas, y a muchos reyes.

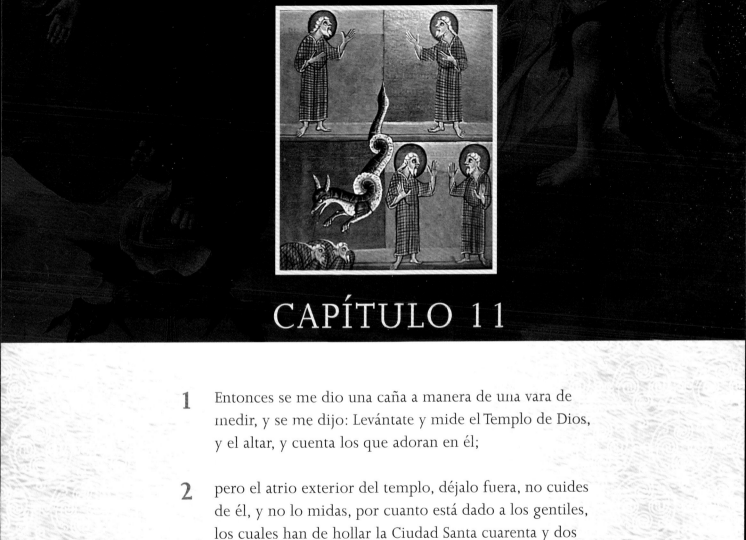

CAPÍTULO 11

1   Entonces se me dio una caña a manera de una vara de medir, y se me dijo: Levántate y mide el Templo de Dios, y el altar, y cuenta los que adoran en él;

2   pero el atrio exterior del templo, déjalo fuera, no cuides de él, y no lo midas, por cuanto está dado a los gentiles, los cuales han de hollar la Ciudad Santa cuarenta y dos meses.

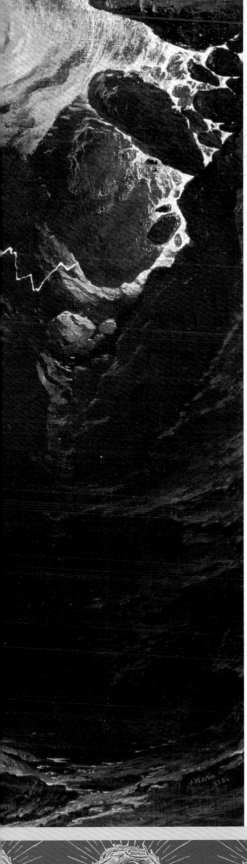

3 Entre tanto daré orden a dos testigos míos, y harán oficio de profetas, cubiertos de sacos o hábitos de penitencia, por espacio de mil doscientos y sesenta días.

4 Éstos son dos olivos, y dos candeleros puestos en la presencia del Señor de la tierra.

5 Y si alguno quisiere maltratarlos, saldrá fuego de la boca de ellos, que devorará a sus enemigos; pues así conviene sea consumido, quien quisiere hacerles daño.

6 Los mismos tienen poder de cerrar el cielo, para que no llueva en el tiempo que ellos profeticen; y tienen también potestad sobre las aguas para convertirlas en sangre, y para afligir la tierra con toda suerte de plagas siempre que quisieren.

7 Mas después que concluyeren de dar su testimonio, la bestia, que sube del abismo, hará una guerra contra ellos, y los vencerá, y les quitará la vida.

8 Y sus cadáveres yacerán en las plazas de la gran ciudad, que se llama místicamente Sodoma y Egipto, donde asimismo el Señor de ellos fue crucificado.

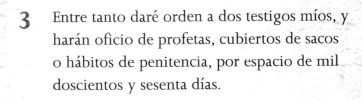

9 Y la gente de las tribus, y pueblos, y lenguas, y naciones estarán viendo sus cuerpos por tres días y medio; y no permitirán que se les dé sepultura.

10 Y los que habitan la tierra, se regocijarán con verlos muertos, y harán fiesta, y se enviarán presentes los unos a los otros o se darán albricias, a causa de que estos dos profetas atormentaron a los que moraban sobre la tierra.

11 Pero al cabo de tres días y medio, entró en ellos por virtud de Dios el espíritu de vida. Y se alzaron sobre sus pies, con lo que un terror grande sobrecogió a los que los vieron.

12 Enseguida oyeron una voz sonora del cielo, que les decía: subid aquí. Y subieron al cielo en una nube, y sus enemigos los vieron.

13 Y en aquella hora se sintió un gran terremoto, con que se arruinó la décima parte de la ciudad; y perecieron en el terremoto siete mil personas; y las demás entraron en pánico, y dieron gloria al Dios del cielo.

14 El segundo infortunio se pasó; y bien pronto vendrá el infortunio tercero, o la tercera desdicha.

15 En efecto, el séptimo ángel sonó la trompeta y se sintieron voces grandes en el cielo que decían: El reino de este mundo ha venido a ser reino de nuestro Señor y de su Cristo, y destruido ya el pecado, reinará por los siglos de los siglos. Amén.

16 Aquí los veinticuatro ancianos, que están sentados en sus tronos en la presencia de Dios, se postraron sobre sus rostros, y adoraron a Dios, diciendo:

17 Gracias te tributamos ¡oh Señor Dios Todopoderoso!, a ti que eres, que eras ya antes, y que has de venir, porque hiciste alarde de tu gran poderío, y has entrado en posesión de tu reino.

18 Las naciones montaron en cólera; mas sobrevino tu ira, y el tiempo de ser juzgados los muertos, y de dar el galardón a tus siervos los profetas, y a los santos, y a los que temen tu nombre, chicos y grandes, y de acabar con los que han corrompido la tierra.

19 Entonces se abrió el templo de Dios en el cielo, y fue vista el Arca de su testamento en su Templo y se formaron rayos, y voces, y truenos, y terremotos, y pedriscos espantosos.

CAPÍTULO 12

1   En esto apareció un gran prodigio en el cielo, una mujer vestida del sol, y la luna debajo de sus pies, y en su cabeza una corona de doce estrellas.

2   Y estando encinta, gritaba con ansias de parir, y sufría dolores de parto.

3   Al mismo tiempo se vio en el cielo otro portento, y era un dragón descomunal bermejo con siete cabezas y diez cuernos; y en las cabezas tenía siete diademas.

4 Y su cola traía arrastrando la tercera parte de las estrellas dcl cielo, y las arrojó a la tierra: este dragón se puso delante de la mujer, que estaba para parir; a fin de tragarse al hijo, luego que ella le hubiese dado a luz.

5 En esto parió un hijo varón, el cual había de regir todas las naciones con cetro de hierro; y este hijo fue arrebatado para Dios, y para su solio.

6 Y la mujer huyó al desierto, donde tenía un lugar preparado por Dios, para que allí la sustentaran por espacio de mil doscientos sesenta días.

7 Entre tanto se trabó una batalla grande en el cielo: Miguel y sus ángeles peleaban contra el dragón, y el dragón lidiaba contra él y sus ángeles.

8 Pero éstos fueron los más débiles, y después no quedó ya para ellos lugar ninguno en el cielo.

9 Fue abatido aquel dragón descomunal, aquella antigua serpiente, que se llama diablo, y también Satanás, que anda engañando al orbe universo; y fue lanzado y arrojado a la tierra, y sus ángeles con él.

10 Entonces oí una voz sonora en el cielo que decía: He aquí el tiempo de la salvación, de la potencia, del reino de nuestro Dios, y del poder de su Cristo, porque ha sido ya precipitado del cielo el acusador de nuestros hermanos, que los acusaba día y noche ante la presencia de nuestro Dios.

11 Y ellos le vencieron por los méritos de la sangre del Cordero, y en virtud de la palabra de la fe que han confesado, y por la cual dejaron de amar sus vidas hasta perderlas por obedecer a Dios.

12 Por tanto regocíjense ¡oh cielos, y los que en ellos moran! ¡Ay de la tierra, y del mar!, porque el diablo bajó a vosotros arrojado del cielo y está lleno de furor, sabiendo que le queda poco tiempo.

13 Viéndose pues el dragón precipitado del cielo a la tierra, fue persiguiendo a la mujer, que había parido aquel hijo varón.

14 A la mujer empero se le dieron dos alas de águila muy grandes, para volar al desierto a su sitio destinado, en donde es alimentada por un tiempo y dos tiempos, y la mitad de un tiempo, durante tres años y medio lejos de la serpiente.

15 Entonces la serpiente vomitó de su boca en pos de la mujer, cantidad de agua como un río, a fin de que la mujer fuese arrebatada de la corriente.

16 Mas la tierra socorrió a la mujer y abriendo su boca se sorbió al río, que el dragón arrojó de la suya.

17 Con esto el dragón se irritó contra la mujer, y se marchó a guerrear contra los demás de la casta o linaje de ella, que guardan los mandamientos de Dios, y mantienen la confesión de Jesucristo.

18 Y se apostó sobre la arena del mar.

CAPÍTULO 13

1 Y vi una bestia que subía del mar, la cual tenía siete cabezas y diez cuernos, y sobre los cuernos diez diademas, y sobre las cabezas nombres de blasfemia.

2 Esta bestia, que vi, era semejante a un leopardo, y sus pies como los de oso, y su boca como la de león. Y le dio el dragón su fuerza, y su gran poder.

3   Vi luego una de sus cabezas que parecía como herida de muerte; y su llaga mortal fue curada. Con lo que toda la tierra pasmada se fue en pos de la bestia.

4   Y adoraron al dragón, que dio el poder a la bestia; también adoraron a la bestia, diciendo: ¿Quién hay semejante a la bestia? Y, ¿quién podría lidiar con ella?

5   Se le dio asimismo una boca que hablase cosas altaneras y blasfemias, y se le dio facultad de obrar así por espacio de cuarenta y dos meses.

6 Con eso abrió su boca en injurias contra Dios, blasfemando de su nombre, y de su tabernáculo, y de los que habitan en el cielo.

7 Le fue también permitido el hacer guerra a los santos fieles, y vencerlos. Y se le dio potestad sobre toda tribu, y pueblo, y lengua, y nación.

8 Y así la adoraron todos los habitantes de la tierra; aquellos, digo, cuyos nombres no están escritos en el libro de la vida del Cordero, que fue sacrificado desde el principio del mundo.

9 Quien tiene oídos, escuche o atienda bien.

10 El que cautivare a otros, en cautividad parará; quien a hierro matare, es preciso que a hierro sea muerto. Aquí está el motivo de la paciencia, y de la firmeza de la fe que tienen los santos.

11 Vi después otra bestia que subía de la tierra, y que tenía dos cuernos, semejantes a los del Cordero mas su lenguaje era como el del dragón.

12 Y ejercitaba todo el poder de la primera bestia en su presencia; e hizo que la tierra, y sus moradores, adorasen la bestia primera, cuya herida mortal quedó curada.

13 Y obró prodigios grandes, hasta hacer que bajase fuego del cielo a la tierra en presencia de los hombres.

14 Así es que engañó, o embaucó, a los moradores de la tierra con los prodigios, que se le permitieron hacer a vista de la bestia, diciendo a los moradores de la tierra, que hiciesen una imagen de la bestia, que habiendo sido herida de la espada, revivió o curó como dijimos.

15 También se le concedió el dar espíritu, y habla a la imagen de la bestia; y hacer que todos cuantos no adorasen la imagen de la bestia, sean muertos.

16 A este fin hará que todos los hombres, pequeños y grandes, ricos y pobres, libres y esclavos, tengan una marca o sello en su mano derecha, o en sus frentes,

17 y que ninguno pueda comprar, o vender, sino aquel que tiene la marca, o nombre de la bestia, o el número de su nombre.

18 Aquí está el saber. Quien tiene pues inteligencia, calcule el número de la bestia. Porque su número es el que forman las letras del nombre de un hombre; y el número de la bestia es seiscientos sesenta y seis.

CAPÍTULO 14

1   Y he aquí que miré; y vi que el Cordero estaba sobre el monte Sión, y con él ciento cuarenta y cuatro mil personas que tenían escrito en sus frentes el nombre de su Padre.

2   Al mismo tiempo oí una voz del cielo, semejante al ruido de muchas aguas, y al estampido de un trueno grande; y la voz, que oí, era como de citaristas que tañían sus cítaras.

3 Y cantaban como un cantar nuevo ante el trono, y delante de los cuatro animales, y de los ancianos; y nadie podía cantar ni entender aquel cántico, fuera de aquellos ciento cuarenta y cuatro mil, que fueron rescatados de la tierra.

4 Éstos son los que no se amancillaron con mujeres, porque son vírgenes. Éstos siguen al Cordero donde quiera que vaya. Éstos fueron rescatados de entre los hombres como primicias escogidas para Dios, y para el Cordero.

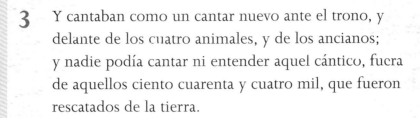

5   Ni se halló mentira en su boca, porque están sin mácula ante el trono de Dios.

6   Luego vi a otro ángel que volaba en medio del cielo, llevando el Evangelio eterno, para predicarle a los moradores de la tierra, a todas las naciones, y tribus, y lenguas, y pueblos,

7   Diciendo a grandes voces: Temed al Señor, y honradle o dadle gloria porque venida es la hora de su juicio; y adorad a aquél que hizo el cielo, y el mar, y las fuentes de las aguas.

8   Y siguió otro ángel que decía: Cayó, cayó aquella gran Babilonia, que hizo beber a todas las naciones del vino envenenado de su furiosa prostitución.

9   A estos se siguió el tercer ángel, diciendo en voz alta: Si alguno adorara a la bestia, y a su imagen y recibiera la marca en su frente, o en su mano.

10 Este tal ha de beber también del vino de la ira de Dios, de aquel vino puro preparado en el cáliz de la cólera divina y ha de ser atormentado con fuego y azufre a la vista de los ángeles santos, y en presencia del Cordero.

11 y el humo de sus tormentos estará subiendo por los siglos de los siglos; sin que tengan descanso ninguno de día ni de noche, los que adoraron la bestia, y su imagen, como tampoco cualquiera que recibió la divisa de su nombre.

12 Aquí se verá el efecto de la paciencia de los santos, que guardan los mandamientos de Dios, y la fe de Jesús.

13 Y oí una voz del cielo que me decía: escribe. Bienaventurados los muertos, que mueren en el Señor. Ya desde ahora, dice el Espíritu, que descansen de sus trabajos, puesto que sus obras los van acompañando.

14 Miré todavía; y he ahí una nube blanca y resplandeciente; y sobre la nube sentada una persona semejante al Hijo del hombre, la cual tenía sobre su cabeza una corona de oro, y en su mano una hoz afilada.

15 En esto salió del Templo otro ángel, gritando en alta voz al que estaba sentado sobre la nube: Echa ya tu hoz, y siega, porque venida es la hora de segar, puesto que está seca la mies en la tierra.

16 Echó pues el que estaba sentado sobre la nube, su hoz a la tierra, y la tierra quedó segada.

17 Y salió otro ángel del Templo, que hay en el cielo, que tenía también una hoz aguzada.

18 Salió también del altar otro ángel, el cual tenía poder sobre el fuego, y clamó en voz alta al que tenía la hoz aguzada, diciendo: Mete tu hoz aguzada, y vendimia los racimos de la viña de la tierra, pues que sus uvas están ya maduras.

19 Entonces el ángel metió su hoz aguzada en la tierra, y vendimió la viña de la tierra, y echó la uva en el gran lagar de la ira de Dios.

20 Y la vendimia fue pisada en el lagar fuera de la ciudad santa, y corrió sangre del lagar en tanta abundancia que llegaba hasta los frenos de los caballos por espacio de mil seiscientos estadios.

CAPÍTULO 15

1   Vi también en el cielo otro prodigio grande y admirable, siete
    ángeles que tenían en su mano las siete plagas que son las
    postreras, porque en ellas será colmada la ira o castigo de
    Dios.

2   Y vi asimismo como un mar de vidrio revuelto con fuego, y a
    los que habían vencido a la bestia y a su imagen, y al número
    de su nombre, que estaban sobre el mar transparente,
    teniendo unas cítaras de Dios,

3 y cantando el cántico de Moisés, siervo de Dios, y el cántico del Cordero, diciendo: Grandiosas, y admirables son tus obras, ¡oh Señor Dios Omnipotente!, justos y verdaderos son tus caminos, ¡oh rey de los siglos!

4 ¿Quién no te temerá; ¡oh Señor! y no engrandecerá tu santo nombre? Puesto que tú solo eres el piadoso; de aquí es que todas las naciones vendrán, y se postrarán en tu acatamiento, visto que tus juicios están manifiestos.

5 Después de esto miré otra vez, y he aquí que fue abierto en el cielo el templo del Tabernáculo del testimonio o el Sancta Sanctorum.

6 Y salieron del Templo los siete ángeles que tenían las siete plagas en sus manos, vestidos de lino limpio y blanquísimo, y ajustados junto a los pechos con ceñidores de oro.

7 Y uno de los cuatro animales dio a los siete ángeles siete cálices de oro, llenos de la ira del Dios que vive por los siglos de los siglos.

8 Y se llenó el Templo de humo a causa de la majestad de Dios, y de su virtud o grandeza; y nadie podía entrar en el templo, hasta que las siete plagas de los siete ángeles fuesen terminadas.

CAPÍTULO 16

1   En esto oí una voz grande del templo, que decía a los siete ángeles: Id, y derramad las siete tazas de la ira de Dios en la tierra.

2   Partió pues el primero, y derramó su taza sobre la tierra, y se formó una úlcera cruel y maligna en los hombres, que tenían la señal o divisa de la bestia, y en los que adoraron su imagen.

3 El segundo ángel derramó su taza en el mar, y quedó convertido en sangre como de un cuerpo muerto; y todo animal viviente en el mar murió.

4 El tercer ángel derramó su taza sobre los ríos, y sobre los manantiales de las aguas, y se convirtieron en sangre.

5 Aquí oí al ángel que tiene el cuidado de las aguas que decía: Justo eres, Señor, tú que eres, y has sido siempre santo, en estos juicios que ejerces;

6 porque ellos derramaron la sangre de los santos y de los profetas, sangre que les has dado a beber, que bien lo merecen.

 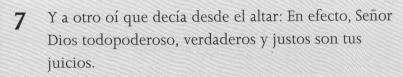

7 Y a otro oí que decía desde el altar: En efecto, Señor Dios todopoderoso, verdaderos y justos son tus juicios.

8 El cuarto ángel derramó su taza en el sol, y se le dio fuerza para afligir a los hombres con ardor y con fuego.

9 Y los hombres, abrasándose con el calor excesivo, blasfemaron el nombre de Dios que tiene en su mano estas plagas, en vez de hacer penitencia para darle gloria.

10 El quinto ángel derramó su taza sobre la silla o trono de la bestia; y quedó su reino lleno de tinieblas, y se despedazaron las lenguas en el exceso de su dolor.

11 Y blasfemaron del Dios del cielo por causa de sus dolores, y llagas; mas no se arrepintieron de sus obras.

12 El sexto ángel derramó su taza en el gran río Éufrates; y secó sus aguas, a fin de abrir camino a los reyes que habían de venir del oriente.

13 Y vi salir de la boca del dragón, y de la boca de la bestia, y de la boca del falso profeta, tres espíritus inmundos en figura de ranas.

14 Porque estos son espíritus de demonios que hacen prodigios, y van a los reyes de toda la tierra con el fin de reunirlos en batalla para el día grande del Dios Todopoderoso.

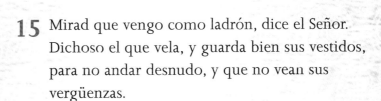

15 Mirad que vengo como ladrón, dice el Señor. Dichoso el que vela, y guarda bien sus vestidos, para no andar desnudo, y que no vean sus vergüenzas.

16 Los dichos serán reunidos en un campo, que en hebreo se llama Armagedón.

17 Al fin el séptimo ángel derramó su taza por el aire, y salió una voz grande del templo por la parte del trono, que decía: Esto es hecho.

18 Y siguieron relámpagos, y voces, y truenos, y se sintió un gran terremoto, tan grande, como nunca hubo desde que hay hombres sobre la tierra.

19 Con lo cual la ciudad grande se rompió en tres partes, y las ciudades de las naciones se arruinaron; y de la gran Babilonia se hizo memoria delante de Dios, para darle el cáliz del vino de la indignación de su cólera.

20 Y todas las islas desaparecieron, y no quedó rastro de montes.

21 Y cayó del cielo sobre los hombres granizo o pedrisco del grandor como de un talento; y los hombres blasfemaron de Dios por la plaga del pedrisco, plaga que fue en extremo grande.

CAPÍTULO 17

1 Vino entonces uno de los siete ángeles, de los que tenían las siete tazas, y habló conmigo, diciendo: Ven, te mostraré la condenación de la gran ramera, que tiene su asiento sobre muchas aguas.

2 Con lo cual se amancebaron los reyes de la tierra, y con el vino de su torpeza o idolatría y corrupción de costumbres están emborrachados los que habitan en la tierra.

3 Y me arrebató en espíritu al desierto. Y vi a una mujer sentada sobre una bestia bermeja, llena de nombres de blasfemia, que tenía siete cabezas y diez cuernos.

4 Y la mujer estaba vestida de púrpura, y de escarlata, y adornada de oro, y de piedras preciosas, y de perlas, teniendo en su mano una taza de oro, llena de abominación, y de la inmundicia de sus fornicaciones.

5 Y en la frente tenía escrito este nombre: Misterio, Babilonia la grande, madre de las deshonestidades y abominaciones de la tierra.

6 Y vi a esta mujer embriagada con la sangre de los santos, y con la sangre de los mártires de Jesús. Y al verla quedé sumamente atónito.

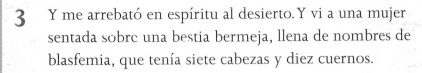

7 Mas el ángel me dijo: ¿De qué te maravillas? Yo te diré el misterio o secreto de la mujer, y de la bestia de siete cabezas y diez cuernos, en que va montada.

8 La bestia, que has visto, fue, y no es, perecerá presto, ella ha de subir del abismo, y vendrá a perecer luego, y los moradores de la tierra (aquellos cuyos nombres no están escritos en el *Libro de la vida* desde la creación del mundo) se pasmarán viendo la bestia, que era y no es.

9 Aquí hay un sentido que esté lleno de sabiduría. Las siete cabezas, son siete montes, sobre los cuales la mujer tiene su asiento, y también son siete reyes.

10 Cinco cayeron, uno existe, y el otro no ha venido aún; y cuando venga, debe durar poco tiempo.

11 Ahora la bestia que era, y no es, esa misma es la octava, y es de los siete, y va a fenecer.

12 Los diez cuernos, que viste, diez reyes son, los cuales todavía no han recibido reino, mas recibirán potestad como reyes por una hora, o por breve tiempo después de la bestia.

13 Estos tienen un mismo designio, y entregarán a la bestia sus fuerzas, y poder.

14 Éstos pelearán contra el Cordero, y el Cordero los vencerá; siendo como es el señor de los señores, y el Rey de los reyes, y los que con él están, son los llamados, los escogidos y los fieles.

15 Me dije más: las aguas, que viste, donde está sentada la ramera, son pueblos, y naciones, y lenguas.

16 Y los diez cuernos, que viste en la bestia, ésos aborrecerán a la ramera, y la dejarán desolada, y desnuda, y comerán sus carnes, y a ella la quemarán en el fuego.

17 Porque Dios ha movido sus corazones para que hagan lo que a él le plazca, y den su reino a la bestia hasta que se cumplan las palabras de Dios.

18 En fin, la mujer, que viste, es aquella ciudad grande, que tiene imperio sobre los reyes de la tierra.

CAPÍTULO 18

1   Y después de esto vi descender del cielo a otro ángel, que tenía potestad grande; y la tierra quedó iluminada con su claridad.

2   Y exclamó con mucha fuerza, diciendo: cayó, cayó Babilonia la grande; y está hecha morada de demonios, y guarida de todo espíritu inmundo, y albergue de todas las aves asquerosas y abominables.

3   Por cuanto todas las naciones bebieron del vino irritante o venenoso de su disolución; y los reyes de la tierra estuvieron

amancebados con ella; y los mercaderes de la tierra se hicieron ricos con el precio de sus regalos o exceso del lujo.

4 Y oí otra voz del cielo, que decía: Los que sois del pueblo mío, escapad de ella, para no ser participantes de sus delitos, ni quedar heridos de sus plagas.

5 Porque sus pecados han llegado hasta el cielo y Dios se ha acordado de sus maldades.

6 Denle a ella como les ha dado ella misma; y redoblárselo; según sus obras; en la taza misma, en la que les dio de beber, échenle el doble.

7 Cuanto se ha engreído, y regalado, denle otro tanto de tormento y de llanto, ya que dice en su corazón: Estoy como reina sentada en solio; y no soy viuda, y no veré duelo.

8 Por eso en un día sobrevendrán sus plagas, mortandad, llanto y hambre, y será abrasada del fuego, porque poderoso es el Dios que ha de juzgarla.

9 Entonces llorarán, y harán duelo sobre ella los reyes de la tierra, que vivieron con ella amancebados, y en deleites, al ver el humo de su incendio.

10 Puestos a lo lejos por miedo de sus tormentos, dirán: ¡Ay, ay de aquella gran ciudad de Babilonia, de aquella ciudad poderosa! ¡Ay, en un instante ha llegado tu juicio!

11 Y los negociantes de la tierra prorrumpirán en llantos y lamentos sobre la misma, porque nadie comprará ya sus mercaderías.

12 Mercaderías de oro, y de plata, y de pedrería, y de perlas, y de lino delicado, y de púrpura, y de seda, y de escarlata, o grana, y de toda madera olorosa, y de toda suerte de muebles de marfil, y de piedras preciosas, y de bronce, y de hierro, y de mármol.

13 Y de cinamomo o canela y de perfumes, y de ungüentos olorosos, y de incienso, y de vino, y de aceite, y de flor de harina, y de trigo, y de bestias de carga, y de ovejas, y de caballos, y de carrozas, y de esclavos, y de vidas de hombres o de gladiadores.

14 ¡Oh Babilonia!, las frutas sabrosas al apetito de tu alma te han faltado, todo lo sustancioso, y espléndido pereció para ti, ni lo hallarás ya más.

15 Así los traficantes de estas cosas, que se hicieron ricos, se pondrán lejos de ella por miedo de sus tormentos, gimiendo y llorando.

16 Dirán: ¡Ay, ay de la ciudad grande, que andaba vestida de lino delicadísimo, y de púrpura, y de grana, y cubierta de oro, y de piedras preciosas, y de perlas!

17 ¡Cómo en un instante se redujeron a nada tantas riquezas! Y todo piloto, y todo navegante del mar, y los marineros, y cuantos trafican en el mar, se pararon a lo lejos.

18 Y dieron gritos viendo el lugar o el humo de su incendio, diciendo: ¿Qué ciudad hubo semejante a esta grandeza?

19 Y arrojaron polvo sobre sus cabezas, y prorrumpieron en alaridos llorando, y lamentando decían: ¡Ay, ay de aquella gran ciudad, en la cual se enriquecieron con su comercio todos los que tenían naves en la mar! ¡Cómo fue asolada en un momento!

20 ¡Oh cielo! regocíjate sobre ella, como también ustedes ¡oh santos apóstoles, y profetas! pues que Dios condenándola ha tomado venganza por ustedes, os ha hecho justicia.

21 Aquí un ángel robusto alzó una piedra como una gran rueda de molino, y la arrojó en el mar, diciendo: con tal ímpetu será precipitada Babilonia, la ciudad grande, y ya no perecerá más.

22 Ni se oirá en ti jamás voz de citaristas, ni de músicos, ni de tañedores de flauta, ni de clarineros; ni se hallará en ti artífice de arte alguna. Ni tampoco se sentirá en ti ruido de tahona.

23 Ni luz de lámpara te alumbrará en adelante; ni volverá a oírse en ti voz de esposo, y esposa, en vista de que tus mercaderes eran los magnates de la tierra, y de que con tus hechizos anduvieron desatinadas todas las gentes.

24 Al mismo tiempo se halló en ella la sangre de los profetas, y de los santos, y de todos los que han sido muertos en la tierra.

CAPÍTULO 19

1   Después de estas cosas oí en el cielo la voz de muchas personas, que decían: ¡Aleluya! la salvación, y la gloria, y el poder son debidos a nuestro Dios.

2   Porque verdaderos son, y justos sus juicios, pues ha condenado a la gran ramera, la cual estragó la tierra con su prostitución, y ha vengado la sangre de sus siervos derramada por las manos de ella.

3   Y la segunda vez repitieron: ¡Aleluya! Y el humo de ella o de su incendio está subiendo por los siglos de los siglos y no se acabará jamás.

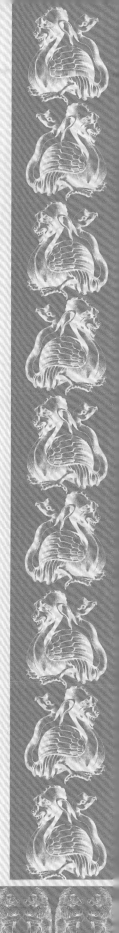

4 Y los veinticuatro ancianos, y los cuatro animales se postraron, y adoraron a Dios que estaba sentado en el solio, diciendo ¡Amén! ¡Aleluya!

5 Y del solio salió una voz, que decía: Alabad a nuestro Dios todos sus siervos, y los que le teméis, pequeños y grandes.

6 Oí también una voz como de gran gentío, y como el ruido de muchas aguas, y como el estampido de grandes truenos, que decía: ¡Aleluya! porque tomó ya posesión del reino el Señor Dios nuestro Todopoderoso.

7 Gocémonos, y saltemos de júbilo, y démosle la gloria, pues son llegadas las bodas del Cordero, y su esposa se ha puesto de gala o ataviada.

8 Y se le ha concedido que se vista de tela de lino finísimo brillante, y blanco. Cuya tela son las virtudes de los santos.

9 Y me dijo el ángel que escribiera: Dichosos los que son convidados a la cena de las bodas del Cordero, y añadió: estas palabras de Dios son verdaderas.

10 Yo me arrojé luego a sus pies, para adorarle. Más él me dijo: Guárdate de hacerlo, que yo soy siervo tuyo y de tus hermanos, los que mantienen el testimonio de Jesús.

11 En esto vi el cielo abierto, y he aquí un caballo blanco,
y el que estaba montado sobre él, se llamaba Fiel y
Veraz, el cual juzga con justicia, y combate.

12 Eran sus ojos como llamas de fuego, y tenía en 1a
cabeza muchas diademas, y un nombre escrito, que
nadie lo entiende o comprende, sino él mismo.

13 Y vestía una ropa teñida o salpicada en sangre; y él
es y se llama el Verbo de Dios.

14 Y los ejércitos que hay en el cielo, le seguían vestidos
de un lino finísimo, blanco y limpio, en caballos
blancos.

15 Y de la boca de él salía una espada de dos filos para herir con ella a las gentes. Y él las ha de gobernar con cetro de hierro; y él mismo pisa el lagar del vino del furor de la ira del Dios omnipotente.

16 Y tiene escrito en su vestidura, y en el muslo: Rey de los reyes, y Señor de los señores.

17 Vi también a un ángel que estaba en el sol, y clamó en voz alta, diciendo a todas las aves que volaban en medio del cielo: venid y congregarse a la cena grande de Dios.

18 A comer carne de reyes, y carne de tribunos, y carne de poderosos, y carne de caballos, y de sus jinetes, y carne de todos, libres y esclavos, y de chicos, y de grandes.

19 Y vi a la bestia, y a los reyes de la tierra, y sus ejércitos coligados, para trabar batalla contra el que estaba montado sobre el caballo, y contra su ejército.

20 Entonces fue presa la bestia, y con ella el falso profeta, que a vista de la misma había hecho prodigios, con que sedujo a los que recibieron la marca de la bestia, y a los que adoraron su imagen. Estos dos fueron lanzados vivos en un estanque de fuego que arde con azufre.

21 Mientras los demás fueron muertos con la espada que sale de la boca del que estaba montado en el caballo blanco, y todas las aves se hartaron de la carne de ellos.

CAPÍTULO 20

1   Vi también descender del cielo a un ángel, que tenía la llave del abismo, y una gran cadena en su mano.

2   Y agarró al dragón, esto es, a aquella serpiente antigua, que es el diablo, y Satanás, y le encadenó por mil años.

3   Y lo metió en el abismo, y lo encerró, y puso sello sobre él para que no ande más engañando a las gentes, hasta que se cumplan los mil años; después de los cuales ha de ser soltado por un poco de tiempo.

4 Luego vi unos tronos, y varios personajes que se sentaron en ellos, y se les dio la potestad de juzgar y vi las ánimas de los que habían sido degollados por la confesión de Jesús, y por la palabra de Dios, y los que no adoraron a la bestia, ni a su imagen, ni recibieron su marca en las frentes, ni en las manos, que vivieron, y reinaron con Cristo mil años.

5   Los otros muertos no revivirán hasta cumplirse los mil años. Ésta es la resurrección primera.

6   Bienaventurado, y santo quien tiene parte en la primera resurrección: sobre los tales la segunda muerte, que es la eterna de los réprobos, no tendrá poderío, antes serán sacerdotes de Dios y de Jesucristo, y reinarán con él mil años.

7   Mas al cabo de los mil años, será suelto Satanás de su prisión.

8   Y saldrá, y engañará a las naciones que hay sobre los cuatro ángulos del mundo, a Gog y a Magog, y los juntará para dar la batalla, cuyo número es como la arena del mar.

9   Y se extendieron sobre la redondez de la Tierra, que abarca los campamentos de los santos, y la ciudad amada.

10   Mas Dios llovió fuego del cielo, que los consumió; y el diablo, que los traía engañados, fue precipitado en el estanque de fuego y azufre, donde también la bestia, y el falso profeta serán atormentados día y noche por los siglos de los siglos.

11   Después vi un gran solio reluciente, y a uno, esto es, a Jesucristo sentado en él, a cuya vista desapareció la tierra, y el cielo, y no quedó nada de ellos.

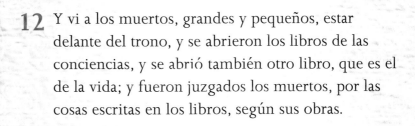

12 Y vi a los muertos, grandes y pequeños, estar delante del trono, y se abrieron los libros de las conciencias, y se abrió también otro libro, que es el de la vida; y fueron juzgados los muertos, por las cosas escritas en los libros, según sus obras.

13 El mar pues entregó los muertos, que había en él; y la muerte y el infierno entregaron los muertos que tenían dentro, y se dio a cada uno la sentencia según sus obras.

14 Entonces el infierno y la muerte fueron lanzados en el estanque de fuego. Ésta es la muerte segunda y eterna.

15 El que no fue hallado escrito en el libro de la vida, fue asimismo arrojado en el estanque de fuego.

CAPÍTULO 21

1   Y vi un cielo nuevo y tierra nueva. Porque el primer cielo y la primera tierra desaparecieron, y ya no había mar.

2   Ahora, pues, yo, Juan, vi la Ciudad Santa, la nueva Jerusalén, descender del cielo por la mano de Dios, compuesta, como una novia engalanada para su esposo.

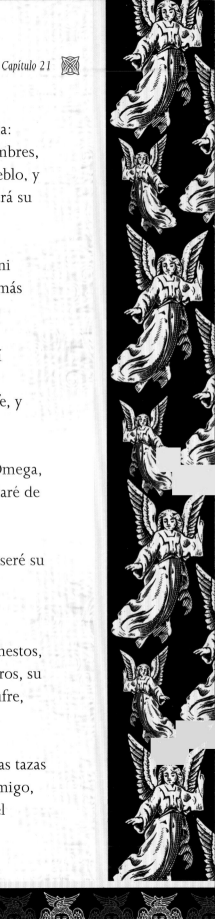
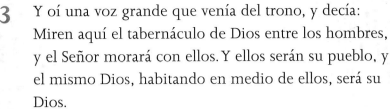

3 Y oí una voz grande que venía del trono, y decía: Miren aquí el tabernáculo de Dios entre los hombres, y el Señor morará con ellos. Y ellos serán su pueblo, y el mismo Dios, habitando en medio de ellos, será su Dios.

4 Y Dios enjugará de sus ojos todas las lágrimas, ni habrá ya muerte, ni llanto, ni alarido, ni habrá más dolor, porque las cosas de antes son pasadas.

5 Y dijo el que estaba sentado en el solio: he aquí que renuevo todas las cosas. Y me dijo: escribe, porque todas estas palabras son dignísimas de fe, y verdaderas.

6 Y me dijo: esto está hecho. Yo soy el Alfa, y el Omega, el principio y el fin de todo. Al sediento yo le daré de beber de la fuente del agua de la vida.

7 El que venciere, poseerá todas estas cosas, y yo seré su Dios, y él será mi hijo.

8 Mas en orden a los cobardes e incrédulos, y execrables o desalmados, y homicidas, y deshonestos, y hechiceros, e idólatras, y a todos los embusteros, su suerte será en el lago que arde con fuego, y azufre, que es la muerte segunda y eterna.

9 Vino después un ángel de los siete que tenían las tazas llenas de las siete plagas postreras, y habló conmigo, diciendo: ven, y te mostraré la esposa, novia del Cordero.

10 Con eso me llevó en espíritu a un monte grande y encumbrado, y me mostró la ciudad santa de Jerusalén que descendía del cielo y venía de Dios.

11 La cual tenía la claridad de Dios, cuya luz era semejante a una piedra preciosa; una piedra de jaspe, trasparente como el cristal.

12 Y tenía un muro grande y alto, con doce puertas; y en las puertas doce ángeles esculpidos, que son los nombres de las doce tribus de los hijos de Israel.

13 Tres puertas al oriente, y tres puertas al norte, tres puertas al mediodía, y otras tres al poniente.

14 Y el muro de la ciudad tenía doce cimientos, y en ellos los doce nombres de los doce apóstoles del Cordero.

15 Y el que hablaba conmigo tenía una caña de medir, que era de oro, para medir la ciudad, y sus puertas, y la muralla.

16 Es de advertir que la ciudad es cuadrada, y tan larga como ancha; midió pues la ciudad con la caña de oro, y tenía doce mil estadios de circuito; siendo iguales su longitud, altura y latitud.

17 Midió también la muralla que tenía ciento cuarenta y cuatro codos de alto, medida de hombre, que era también la del ángel.

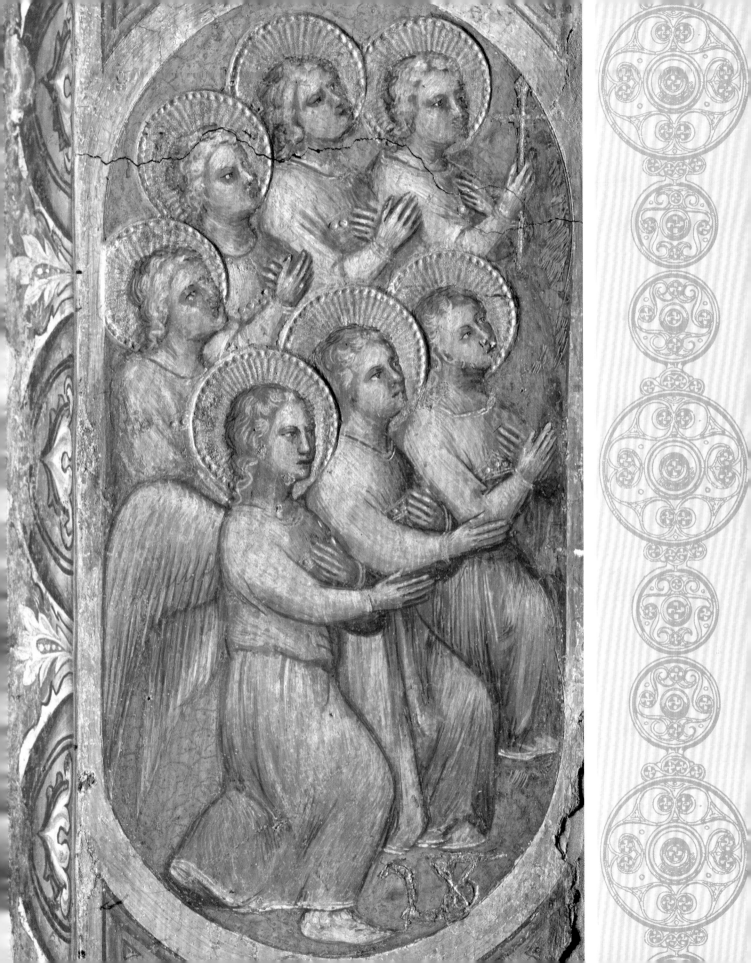

18 El material empero de este muro era de piedra jaspe; mas la ciudad era de un oro puro, tan trasparente que se parecía a un vidrio o cristal sin mota.

19 Y los fundamentos del muro de la ciudad estaban adornados con toda suerte de piedras preciosas. El primer fundamento era de jaspe; el segundo, de zafiro; el tercero, de calcedonia o rubí; el cuarto, de esmeralda.

20 El quinto, de sardónica; el sexto, de sardio; el séptimo, de crisólito; el octavo, de berilo; el nono de topacio; el décimo de crisopraso o lapislázuli; el undécimo, de jacinto; el duodécimo de amatista.

Y las doce puertas son doce perlas; y cada puerta estaba hecha de una de estas perlas; y el pavimento de la ciudad de oro puro, y trasparente como el cristal.

Y yo no vi templo en ella. Por cuanto el Señor Dios omnipotente es su templo, con el Cordero.

Y la ciudad no necesita sol, ni luna que alumbren en ella, porque la claridad de Dios la tiene iluminada, y su lumbrera es el Cordero.

Y a la luz de ella andarán las gentes; y los reyes de la tierra llevarán a ella su gloria y su majestad.

Y sus puertas no se cerrarán al fin de cada día, porque no habrá allí noche.

Y en ella se introducirá y vendrá a parar la gloria y la honra de las naciones.

No entrará en esta ciudad cosa sucia o contaminada, ni quien comete abominación, y falsedad, sino solamente los que se hallan escritos en el libro de la vida del Cordero.

CAPÍTULO 22

1   Me mostró también un río de agua vivífica o de vida, claro como un cristal que manaba del solio de Dios y del Cordero.

2   En medio de la plaza de la ciudad, y de la una y otra parte del río estaba el árbol de la vida, que produce doce frutos, dando cada mes su fruto; y las hojas del árbol sanan a las gentes.

3 Allí no habrá jamás maldición alguna, sino que Dios y el Cordero estarán sentados, y sus siervos le servirán de continuo.

4 Y verán su cara; y tendrán el nombre de él sobre sus frentes.

5 Y allí no habrá jamás noche; ni necesitarán luz de antorcha, ni luz de sol, por cuanto el Señor Dios los alumbrará, y reinarán por los siglos de los siglos.

6 Me dijo más; estas palabras son dignas de todo crédito, y muy verdaderas. Y el Señor Dios de los espíritus de los profetas ha enviado a su ángel a manifestar a sus siervos cosas que deben suceder pronto.

7 Mas he aquí, dice el Señor, que yo vengo a toda prisa. Bienaventurado el que guarda las palabras de la profecía de este libro.

8 Y yo Juan, soy el que he oído y visto estas cosas. Y después de oídas y vistas, me postré ante los pies del ángel, que me las enseñaba, en acto de adorarle.

9 Pero él me dijo: Asegúrate de hacerlo, que yo soy un consiervo tuyo, y de tus hermanos los profetas, y de los que observan las palabras de la profecía de este libro. Adora a Dios.

10 Me dijo también: No selles las palabras de la profecía de este libro, pues el tiempo está cerca.

11 El que daña, daña aún; y el que está sucio, prosigue ensuciándose, pero el justo se santifica más y más; y el santo, más y más se santifica.

12 Mira que vengo luego, y traigo conmigo mi galardón, para recompensar a cada uno según sus obras.

13 Yo soy el Alfa y el Omega, el primero, y el último, el principio y el fin.

14 Bienaventurados los que lavan sus vestiduras en la sangre del Cordero, para tener derecho al árbol de la vida, y a entrar por las puertas de la ciudad santa.

15 Queden fuera los perros, y los hechiceros, y los deshonestos, y los homicidas, y los idólatras, y todo aquel que ama, y platica mentiras.

16 Yo Jesús envié mi ángel, a notificaros estas cosas en las iglesias. Yo soy la raíz o estirpe, y la prosapia de David, el lucero brillante de la mañana,

17 Y el espíritu, y la esposa dicen: Ven. Diga también quién escucha: Ven. Asimismo el que tiene sed, venga; y el que quiera, tome del balde el agua de vida.

18 Ahora bien, yo protesto a todos los que oyen las palabras de la profecía de este libro, que si alguno añadiere a ellas cualquiera cosa, Dios descargará sobre él las plagas escritas en este libro.

19 Y si alguno quitara cualquiera cosa de las palabras del libro de esta profecía, Dios le quitará a él del libro de la vida, y de la Ciudad Santa, y no le dará parte en lo escrito en este libro.

20 El que da testimonio de estas cosas, dice: Ciertamente yo vengo luego. Así sea. Ven ¡oh Señor Jesús!

21 La gracia de nuestro Señor Jesucristo sea con todos vosotros. Amén.

Créditos de las imágenes

Hemos tratado de contactar a los propietarios del Copyright de las imágenes en este libro. Cualquier descuido u omisión será corregido en futuras ediciones.

Apocalipsis de Bamberg: (manuscrito ricamente ilustrado del siglo XI que contiene el Libro de la Revelación): **12:** El hijo del hombre y la menorá, **18:** Juan escribe a las iglesias de Éfeso y Esmirna, **24:** Juan escribe a las iglesias de Sardis y Filadelfia, **27:** Juan escribe a la iglesias de Laodicea, **30–31:** Veneración ante el trono de Dios, **34:** El cordero con el libro de los siete sellos, **38:** El primer jinete del Apocalipsis, **39:** El segundo jinete del Apocalipsis, **48:** Homenaje al cordero, **50:** Las siete trompetas y el ángel con un incensario, **54:** La quinta trompeta, **60:** El ángel con el librito, **63:** Los profetas y la bestia del abismo, **68:** La mujer y el dragón, **74:** La bestia del mar con siete cabezas, **76:** La bestia con cuernos, **78:** El mensaje de la cosecha del vino, **83:** El ángel con las siete plagas, **86:** Los ángeles con las tres primeras tazas, **92:** La prostituta de Babilonia, **96:** Regocijo por la caída de Babilonia, **102:** Ángel con la piedra, **108:** El sello y derrota de la bestia, **116:** Nueva Jerusalén, **122:** Río de la vida.

Biblioteca de arte Bridgeman: 4, 41: Muerte en un caballo pálido, William Blake, c.1800, Museo Fitzwilliam, **13:** San Juan y las siete iglesias de Asia, no.2, El Apocalipsis de Angers, tapiz, Nicolas Bataille, 1373–1387, **20:** El ángel de la Revelación, William Blake, c.1805, **22:** Jezebel, John Byam Liston Shaw, 1896 © Galería de arte y museo Russell-Cotes, **28:** El ángel proclamando el fin de los tiempos, James Justus Tucker, 1795/96–1842, Museo Fitzwilliam, **32:** La adoración del cordero por veinticuatro ancianos, "Comentario sobre el Apocalipsis" por Beatus de Liebana y Valcavado, c.730–798, **35:** El ángel proclama "Quién es digno"; San Juan consolado por uno de los ancianos, Apocalipsis de Lambeth, Escuela Inglesa, c.1260 © Lambeth Palace Library, **42–43:** Los cuatro jinetes del Apocalipsis, Victor Mikhailovich Vasnetsov, 1887, **44:** El gran día de su ira, grabado de Charles Mottram, después de John Martin (1789–1854), © Christopher Wood Gallery, Londres, **49:** El tercer ángel y el cordero, no.51, El Apocalipsis de Angers, **51:** La segunda trompeta y el naufragio, no.21, El Apocalipsis de Angers, **55:** La quinta trompeta y las langostas, no.24, El Apocalipsis de Angers, **59:** Siete ángeles con trompetas, Apocalipsis de Beatus, Santo Domingo de Silos, 1109, Petrus © British Library Board, **64–65:** La inundación, John Martin, 1841, **71:** Miguel abruma al demonio, Rafael, 1518, Louvre, **79:** El segador, la visión of Armagedón, Biblia luterana, Escuela alemana, c.1530, **81:** Babilonia ardiendo, Biblia luterana, **84:** Los siete platos de la ira y la destrucción de Babilonia, no.63, El Apocalipsis de Angers, **85:** Sangre fluyendo del gran lagar de la ira de Dios, no.55, El Apocalipsis de Angers, **88–89:** El dragón vomitando sapos, no.62, El Apocalipsis de Angers, **90–91:** El segundo ángel del Apocalipsis creando una tormenta, Giusto di Giovanni de' Menabuoi, 1360–1370; **100–101:** El día del juicio; John Martin, **103:** Babilonia invadida por demonios, no.66, El Apocalipsis de Angers, **106:** La bestia es lanzada al lago de azufre, El Apocalipsis de Angers, **111:** Las llaves del pozo sin fondo, Biblia luterana, **112–123:** El último juicio, Jan II Provost c.1525, regalo de James E. Scripps, **119:** Los siete ángeles del Apocalipsis reciben las siete botellas, Giusto di Giovanni de' Menabuoi, 1360–1370, **123:** El cordero de Dios rodeado de símbolos de los evangelistas; Escuela francesa, siglo IX, **125:** El árbol de la vida, Pacino di Buonaguida, c.1310, **128:** Padre eterno, Escuela italiana, siglo XV.

Publicaciones Dover 2, 36: La adoración del cordero, Albrecht Durer, 1498.

Gerung, Matthias (1500–1570): 17: La visión de los siete candeleros, **53**: La apertura del séptimo sello y las primeras cuatro trompetas. **56:** 5ª y 6ª trompeta, **62:** Juan devora el libro, **66:** La medición del templo y la certificación de dos profetas, **73:** La mujer del Apocalipsis, **77:** El animal de los diez cuernos y el animal con cornamenta de cordero, **87:** Llenando las sietes tazas de la ira y los primeros seis problemas, **93:** Prostituta de Babilonia, **99:** Caída de Babilonia, **109:** Jerusalén celestial y el Diablo atado.

Otros: 5: El último juramento, Pinturicchio, 1454–1513, **7:** El último juramento, Stefan Lochner, c.1435, **14:** San Juan el evangelista de Patmos, El Bosco, c.1435, el Proyecto York, **47:** Ángel, llegando del Sol, y los cuatro vientos, Magius (Meister der Schule von Távara), c.922 **75:** La bestia del mar, El Apocalipsis de Angers **95:** La prostituta de Babilonia, William Blake, 1809, **104:** El último juicio, Ende, fecha desconocida, Proyecto York **114–115:** El último juicio, El Bosco, c.1482, **120:** La nueva Jerusalén, "El Apocalipsis de Angers", **126–1277:** El último juramento, Fra Angelico, c.1425.